SARFAROSHII
SAFAR-E-ZINDAGI

FATIMA AMIN

Copyright © Fatima Amin
All Rights Reserved.

ISBN 978-1-64951-349-6

This book has been published with all efforts taken to make the material error-free after the consent of the author. However, the author and the publisher do not assume and hereby disclaim any liability to any party for any loss, damage, or disruption caused by errors or omissions, whether such errors or omissions result from negligence, accident, or any other cause.

While every effort has been made to avoid any mistake or omission, this publication is being sold on the condition and understanding that neither the author nor the publishers or printers would be liable in any manner to any person by reason of any mistake or omission in this publication or for any action taken or omitted to be taken or advice rendered or accepted on the basis of this work. For any defect in printing or binding the publishers will be liable only to replace the defective copy by another copy of this work then available.

Har us shakhs ke liye jisne zindagi ki sachai se waqif kia.

Contents

1. Zamana — 1
2. Tohfa-e-zindagi — 2
3. Rassi — 3
4. Ghazal — 4
5. Maut — 5
6. Rang — 6
7. Safar — 7
8. Muqaddar — 8
9. Husn — 9
10. Raunaq — 10
11. Khauf-e-khuda — 11
12. Aaftab — 12
13. Rooh — 13
14. Zindagi — 14
15. Jaan-e-mehfil — 15
16. Masroofiyat — 16
17. Phool — 17
18. Dhoka — 18
19. Taras — 19
20. Pareshaniya — 20
21. Mohabbat — 21
22. Ishq-e-ilahi — 22
23. Naymat-e-khuda — 23
24. Tareeki — 24

Contents

25. Rishte	25
26. Surat	26
27. Apne	27
28. Talkh Rishte	28
29. Na-mukammal	29
30. Apne Hi Paraye Hain	30
31. Fareb	31
32. Maa	32
33. Baap	33
34. Bhai	34
35. Mausam	35
36. Munafiq	36
37. Tu Mera Ho Ja	37
38. Paaon	38
39. Haadse	39
40. Tasweer	40
41. Duniya	41
42. Rafeeq	42
43. Hausla Aur Waqt	43
44. Mera Ek Dost	44
45. Manzil	45
46. Aman	46
47. Izzat	47

1. ZAMANA

Ankhon mein larazte hue tare to bohot hain
is sheher mein halaat ke mare to bohot hain,
is daur mein jeene ki har ek simt mein rahe
ek tu na sahi aur sahare to bohot hain.
Parwaaz ko nikli hun bohot soch kar
kher dur fizaon mein shararatein to bohot hain;
ye baat alag hai ki unhe dekh na paye,
us paar ufaq ke nazare to bohot hain.
Dushman na hue ham to zamane mein kisi ke
kehte hain wo magar hamare to bohot hain.
Majdhaar mein kashti ka muhafiz hai faqat tu,
yun log pareshan kinare to bohot hain.

2. TOHFA-E-ZINDAGI

Sach poochiye to shakhs wo hi badnaseeb hai,
jiska na koi yaar na raqeeb hai,
dariya hai aab-e-sard, sehra hai pyas bhi
ye kaun sa muqam hai manzar ajeeb hai.
Shayad zameen ke log mujhe kho chuke hain ab
mujh se zameen dur aur aaftaab qareeb hai.
Dil ke qareeb saya-e-zulmat hai khaima zan,
aankho mein sara manzar rangeen-e-muheeb hai.

3. RASSI

Wo rassi thi rishte ki, dosti ki, parwah ki
kaafi mazboot thi shuruwat mein,
maano poori duniya hi utha legi jazbaat mein.
Jaise waqt guzra;
rassi ka ek ek dhaaga utra
gal raha tha waqt ke imtehaan se,
aa chukka tha ab rishta ikhtetam pe
aakhri dhaga bacha tha intezar ka;
jise sirf maine pakdha tha,
shayad ab waqt hai ki chodh du us dhaage ko
ab to lagne bhi laga hai ke uss taraf –
koi nahi hai.

4. GHAZAL

Ajab ye husn-e-waada hai ki hungam-e-seher aye
dhuaan phaila tha, shama-e-dil bujhi thi aur wo nazar aye,
nigaahon mein shararat, zulfein pecheeda, shagufta rooh
na jaane aaj wo kya apne dil mein than kar aye.
Umadhte aansuon ko rokna bhi ek qayamat hai
magar ae-aashiqui ham ye qayamat bhi dekh kar aye,
wo aaye haal mere dosto ka puchne mujhse
na jaane kitni choton ke nishaan ubhar aye.
Na puchiye rafaat-e- parwaze insane kahan tak hain
farishte bhi aaj samet te apne baal o par naza aye,
sarwar-e-chashm hamein haasil hai, kya dekhein
hamare saamne kitna hi chahe maal o zar aaye.
Musalsal khaamoshi! dil ruka jata hai
ye maine kiya kya aisa jo aaj wo zulm par utar aye,
gulon ke rang phekte hain, lab-e-sayyad se sun kar
qafas ke wastey bulbul tere ye husn-o-par aye.
Kisi ne jab jab koi qissa sunaya be-wafai ka
tumhari yaad ke nashtar mere dil mein utar aye,
hamein is bat ka nahi gham ke khoon-e-dil hua kitna
ye kya kam hai ki husn-e-waqt ke jauhar nazar aye.

5. MAUT

Wahi naghma usi leh mein suna dete to acha tha
mujhe phir se zindagi ka hausla dete to acha tha,
bohot dil ko lage hain daastan-e-ghum ye qissa go
zara kuch der aur soz-e-ghum badha dete to acha tha.
Chalo dil bujh gya hai phir bhi ruswai se bachne ko
bachi hai jo zindagi wo nibha dete to acha tha,
main shakh-e-arzoo ka ek zard patta hun, mujhe kya?
zameen ki god mein ab to gira dete to acha tha.

6. RANG

Suraj ka har subah nikalna pehle bhi tha, aaj bhi hai
rafta rafta sham ka dhalna pehle bhi tha, aaj bhi hai.
Chahat mein deewana hona aur nafrat mein vehshi ban jana
logon ka andaz badalna pehle bhi tha, aaj bhi hai.
Sehra mein paani ko tarasna aur gulshan mein jee bhar ke peena
fitrat ka mehwar pe chalna;
pehle bhi tha, aaj bhi hai.
Ahl-e-junoon ki baat na pucho
un ki mohabbat ka rang hai ek,
Ahl-e-aqalmandi ka rang badalna;
pehle bhi tha, aaj bhi hai.

7. SAFAR

**Mazmoon-e-khat mein jis ka koi tazkirah na tha
dil ne magar padha wo hi jo likha na tha,
raah-e-wafa mein khud kushi us ki bata gayi
shauq-e-safar to tha usmein, magar hausla na tha.**

8. MUQADDAR

Sanwarne walo ke muaqaddar sanwar gaye kab ke,
wo be-qarar ummeedon ke sath ab bhi betha hai
koi zara samjhae use;
ki, nawazishaat ke mausam guzar gaye kab ke.

9. HUSN

**Main bazaar-e-waqt mein apna mol lagane ayi hun
rang badalti duniya ki tasweer dikhane,
mere husn-e-zaahir par, ae jaan chidhakne wale
main to husn-e-baatin ka aejaz dikhane ayi hun.**

10. RAUNAQ

Raunaqein khatm hui, tham gayi masti ki hawa
sheher mein jab se chali firqa parasti ki hawa,
bhool kar bhi koi dehleez pe aata hi nahi
reh gayi ghut ke har ek seene mein basti ki hawa.

11. KHAUF-E-KHUDA

Zakhm dil ke jaan kar hara rakhta hai wo
har-kis aur na-kis ke khaatir dar khula rakhta hai wo
dekhta rehta hai jisme khud ko auron ke sath
apne andar ek aisa ayena rakhta hai wo.
Lafz-e-zubaan se hota hai ayaan rang-e-khyaal
isliye apna rooh-e-sukhan dhula rakhta hai wo
sham ko thak haar ke mayoos hota hai bohot
seher mein phir uth ke zindagi ka hausla rakhta hai wo.
Kuch nahi kehta magar khamosh bhi nahi rehta
khushk hothon ki tabassum mein gila rakhta hai wo
sar bulandi aur be-khaufi hai usme is liye
har nafs, har gaam pe khauf-e-khuda rakhta hai wo.
Chaand taro se taqarrub dhong hi kehlaega
apne ham-saaye se jab tak faasla rakhta hai wo
surkh kar deta hai waqt ko guzarne ke baad
apne zarf mein rang-e-hena rakhta hai wo.

12. AAFTAB

Hujre se shab ki subah nikalta hai aaftab
din bhar tapish mein hijr ki jalta hai aaftab
jadhe ki dhoop hai aur hai garmi ki dhoop
mausam ke sath sath badalta hai aaftab.
Khamoshiyon ko aap na samajhiye buzdili
uski nazar ki taar pe chalta hai aaftab
wo sham kis qadar hai hararat liye hue
jis ke badan ko choo ke pighalta hai aaftab.

13. ROOH

Be-sada, be-rooh si parchaiyon ke darmiyaan
zindagi aaseb hai tanhaiyon ke darmiyaan,
ek teri justuju hoti na husn-e-zindagi
bhala kaun jeena chahta hai ruswaiyon ke darmiyaan.

14. ZINDAGI

Kaam apna kar gayi to kaamran ho jaegi
zindagi varna hamari raaegaan ho jaegi,
maut se darte rahe to reza reza zindagi
jamte jamte ek din koh-e-giraan ho jaegi.

15. JAAN-E-MEHFIL

Qaayam hain jiske dum se mehfil ki ronaqein
tanhaiyon mein gum hain us ke dil ki raghbatein,
aaya to chaar chand lag gaye jashn-e-bazm mein
bichdha to le gaya mehfil ki sari ronaqein.

16. MASROOFIYAT

**Log shehron ki talab mein is tarah se masroof hue
rafta rafta gaaon ke aabaad ghar veeran hue,
maujize to dekhiye us ki nigah-e-lutf ke
marhale rah-e-wafa ke khud ba khud aasan hue.**

17. PHOOL

Zindagi bhar na dhyan se nikle
besh qeemat wo jaan se nikle,
bik gaye ya bikhar gaye?
wo phool jo gulistan se nikle.

18. DHOKA

Shohrat-e-aafaq hona chahta hai
wo na-samajh apno ko khona chahta hai,
Has raha hai be-tahasha sham se
subah dam wo rona chahta hai;
aur, phir de raha hai wo mohabbat ke payam
lagta hai mujhe phir se wo dafnana chahta hai.

19. TARAS

Ham ne maana ke sitaaron mein chale jaoge
ham rang-e-duniya jo dikhaege to palat aoge,
kis qadar khoon-e-jigar ham ne lutaya tum par
aayena samne rakh kar hi tum samajh paoge.
Karwaan ki na karo fikr, na hi rehbar ki talaash
shauq-e-manzil hai agar dil mein to pohoch jaoge,
chaand tare bhi sisak uthe mere hal pe ae-Fatima
haan magar tum na kabhi mujh par taras khaoge.

20. PARESHANIYA

Rishte naate, bhai chare, sab bikhre bikhre se lagte hain
mausam sare tashna-labon se roothe roothe lagte hain,
ab ke mausam aag ka paani barsa ho jese zameen par
gulshan, ghunche-o-gul, jhulse jhulse lagte hain.
Panchi hain ye peeth ki khatir phirte hain maare mare
rehne do! teer mat chalao, ye bhooke bhooke se lagte hain,
dil aaftab, ehsas dhoop ho to phir chaon kahan se aae?
aise mein perahan-e-hasti bheege bheege se lagte hain.

21. MOHABBAT

Baare gham jahan se dil mera udaas hai
hasti hu isliye ke mohabbat ka paas hai.
dekha ye hadsa sar-e-baazar ek roz
kuch bhaiyo ke beech ek behen be-libaas hai.
kaisa tha gulistaan mein wo pichle khizaan ka daur
taari gulon pe aaj bhi khauf-o-hiraas hai.

22. ISHQ-E-ILAHI

Yun dil-e-betaab mange hai tumhari chahtein
lafzon ko darkaar hon jese zubaan ki junbishein
dur tak saaya na mil paega rah-e-ishq mein
soch lein ap ye baat pehle tabhi sath nibha ke chalein
dur se aawaz koi de raha hai har nafs
samne manzil hai, ahl-e-karwaan aage chalte rahein.

23. NAYMAT-E-KHUDA

Ishq ki bargah mein shart-e-junoon ka marhala
ek pul-e-siraat hai rah-e-nijaat mein.
Azm o amal ke hath mein shama-e-wafa liye hue
seher-e-nishaat dhundiye gham ki siyaah raat mein.
Kitne azeem aaj hain zarre jo muttahid hue
the ye kal tak bikhre hue kaaynat mein.
Kaise the badnaseeb ham, reh gaye tang-e-dast
varna koi kami na thi uski nawazishaat mein.

24. TAREEKI

**Rehne ko tum rahe meri had-e-nazar se dur
lekin kabhi hue nahi qalb o jigar se dur,
gumnamiyo ke ghor andheron mein kitne hain fann
ghut ke jee rahe hain namood-e-seher se dur.**

25. RISHTE

Be-dili aur be-rukhi ki rah par hai bhi to kya
karwaan aisa koi garm-e-safar hai bhi to kya,
sar nugun jab ho gae ham hadson ke samne
jism par agar baaqi ye sar hai bhi to kya.
Qaid khaano si ghutan hai, uljhanein bhi hain
dekhne ko ek aalishan ghar hai bhi to kya,
kashti-e-dil todh kar rishte, kinare se chali
samne us ke agar bhanwar hai bhi to kya.

26. SURAT

Qadam qadam pe milein hain saraab ki surat
mere rafeeq bohot se hain khwaab ki surat,
warq warq ko palatiye sambhaal kar varna
bigadh degi ye ujlat kitaab ki surat.
Kisi ne zikr kia jab wafa paraston ka,
badal ke reh gayi khud hi janab ki surat.

27. APNE

Log kehte hain aj bhi,
nadaniyan jhaakti hain teri adaton mein.
Ab kambakht! unhe kaun samjhae
ye jo rishte hain, zindagi ke hisse hain
dost hain jo zindagi ke qisse hain
ab inse nadaniyan na karu to saudebaazi karu?
Agar raunaq hai nadani se inka chehra,
na-samajh kehlane ko tayyar hu main.

28. TALKH RISHTE

Aaj mujhe mere apne gher se lagne lage hain
jo mere khaas the wo bhi mujhe bura samajhne lage hain,
chalo koi bat nahi, waqt badal raha hai filhal mera
ab duniya ke in jhute rishto se ham bhi sambhalne lage hain.
Talkh sachai ab rishto ki to ye hai, ae-Fatima
aaj mere apne hi mere dard ko kuredne lage hain.

29. NA-MUKAMMAL

Tamannao ko sari meri khaak ho jane do
hawaon ko bhi aj mere khilaaf ho jane do,
ho jaugi main phir se aabad doston
abhi kuch dino ke liye mujhe barbad ho jane do.
Alfaazon ko aj mere be-zuban ho jane do
mere khayalo mein aj kisi ka gham kho jane do,
muskuraugi main bhi ek roz phir se
aj behte hain agar ansu to inhe beh jane do.
Yaadon mein aj usi ka ghulam ho jane do
ghar mein usi ke aj meri subah o sham ho jane do,
ho jaugi main bhi aazad ek roz phir se
bas aj ka din mera veeran ho jane do.

30. APNE HI PARAYE HAIN

Aaj akhirkaar ham zindagi ke sach se takrae hain,
ab jake samajh mein aya ke mere apne hi paraye hain.
Kisi se dushmani karo ya dosti;
ye bas ek hi manzil ki do raahe hain.
ab jake samajh mein aya ke mere apne hi paraye hain.
Jinko samajh bethi thi main apna sacha saathi,
maine to unke chehro pe bhi naqab paye hain;
ab ghero ki kya baat karu?
mere to apne hi paraye hain.
Main naadan thi jin baton se wo sabaq inhone hi sikhaya
un sabhi ko mera pyar jo mere apne hoke bhi paraye hain.
Ab jake samajh aya ke mere apne hi paraye hain.

31. FAREB

Sach se nahi logon ki jhoothi dikhawat se darti hu
upar se saaf dikhate hain andar ki milawat se darti hu
ho to jaugi main bhi farebi par meri khuddari rok leti hai mujhe
mujhe fanaa kar dega mera zameer;
ki main baghawat se darti hu.

32. MAA

Jab main roti thi
mere aansu wo apni palko pe leke lafzo ke shor se
mujhe khaamosh karaya karti thi.
Mujhe mehsoos hota hai uska pyaar
jab kabhi mujhse naraz hokar bhi;
mere liye Allah se duaa karti thi.
Khud pareshan ho kar bhi
meri pareshaniyo ka hissa banti thi,
halaat kitne bhi bigad jayein
phir bhi meri khamoshi ko mehsus karti thi.
Janab wo meri maa thi,
jo rato mein jag ke meri parwah kia karti thi.

33. BAAP

**Uske maathe par se shikan jati nahi hai
isi liye tumhare maathe pe shikan aati nahi hai.**

34. BHAI

Kitne saal meri zindagi ke, ek lamhe mein kahi kho gaye
hath khaali reh gaye, mere sare alfaaz chup ho gaye.
Kitne qisse the purane,
kitne naye banana the
un sare qisso ko jala kar, tum kyun khamosh so gaye.
Tum to halki si ahat se uth jate the
aaj ye shor tumhe kyun nahi sunai deta?
Itni bhi kya narazgi ke tumhara chehra bhi dikhai nahi deta.
Ye khamoshi ab tumhari mujhe bardasht nahi hoti
kitni hi ratein beet gayi main ab chen se nahi soti,
tumne to kaha tha ke tum sath nahi chodhoge
kitne bhi tufan ayein, hath nahi chodhoge.
Lekin tumne to beech bhanwar mein hi sath chodh dia
yun roothe ki hamesha ke liye hath chodh dia.

35. MAUSAM

**Waqt badlega har ek haal mein mausam ki tarah
hausla dil mein rakho, toot ke bikhra na karo
lazzat-e-dard-mohabbat bhi ajab hai daulat,
is khazane ko sar-e-aam lutaya na karo.**

36. MUNAFIQ

Munafiqat se bura aur koi zeher nahi
tabah kar deta hai insaniyat ko sadiyon tak,
ufaq ki hadd hain kahan?
ye to bas nazar ka ek dhoka hai
yun dard-e-dil mera mehdood kab hai ankhon tak.

37. TU MERA HO JA

Amal ki rahguzar mein yun shareek-e-karwaan ho ja
jabeen-e-waqt par mehr-e-sharaf ban kar ayaan ho ja,
badal sakti hu main masoomiyat se rang-e-mehfil ko
magar tu lafz mein dhal kar mera husn-e-bayaan ho ja.

38. PAAON

Sun rahe hain ke wo aane wale hain
gardish-e-waqt wo jo smbhale hain,
hain safar ki saubaton ke gawah
paaon mein jis qadar bhi chaale hain.

39. HAADSE

Subah se sham haadson mein rahe
bad-naseebi ye ke zulmato mein rahe,
ba-khabar manzilon ko choom chuke
be-khabar log raston mein rahe,
yaad uski rahi hamesha dil mein
laakh duniya ki uljhano mein rahe;
dar gaye ek chullu pani se wo
muddaton jo samundar mein rahe,
ghair kyun ae-Fatima hogaye mere apne
kis qadar chalakiyo aur makkariyon mein rahe.

40. TASWEER

Tasweerein hain laakh jahan mein
lekin tujh si koi tasweer nahi hai
sath mein hain kaante bhi lekin,
phoolon si kisi ki taqdeer nahi.

41. DUNIYA

Ham ne chaha bhi nahi aur saraha bhi nahi
phir bhi kaandho pe liye phirte hain baar-e-duniya
har qadam par hai chubhan itni ke chalna hai mushkil
kitni purkhar hai ye rahguzar-e-duniya.

42. RAFEEQ

Kya poochte ho meri tabiyat ka haal rafeeqon,
jao un raqeebon se pucho;
jo mere mitne ki duaa karte hain.

43. HAUSLA AUR WAQT

Tu bas hausla rakh
waqt use bhi tere na hone ka ehsas dilaega.
Tu bas hausla rakh
waqt rere dosto ko bhi teri ehmiyat bataega.
Tu bas hausla rakh
waqt unhe bhi teri izzat karna sihaega,
jisne tujhe be-izzat kiya.
Tu bas hausla rakh
waqt tujhe unse bhi uncha karega,
jinhone tujhe girana chaha.
Tu bas hausla rakh
waqt aaj unka hai to kal tera zamana aega.
Tu bas hausla rakh
unko sabaq waqt hi sikhaega.

44. MERA EK DOST

Main ne dekha hai ek dost ko apne
sanjeeda se sanjeeda hote,
hassas se hassas hote.
Dosto ke liye apni khushiyan mitate
apni hasi mein gham ko chupate.
Main ne dekha ek dost ko apne
mujh pe apni chahat lutate,
har mushkil mein mujhe sambhalte.
khatro se mujhe nikalte
mere har khauf ko khatm karte.
Main ne dekha hai ek dost ko apne
muskurahaton ko sab mein bat te,
sab ke ghamon ko mitate.
Main ne dekha hai ek dost ko apne
mere liye duniya se ladhte,
har adah se mujhe apna banate.
Mujh se har waqt mera hi zikr karte
mujhe hamesha apne dil mein chupate,
dekha hai main eek dost ko apne.

45. MANZIL

**Har ek simt badhi be-hasi hai jeene mein
ajeeb log hain jinke dil hi nahi hain seene mein
mili na manzil-e-hasti khurd ke maro ko
wo dhundte hi rahe wajah zindagi ko jeene mein.**

46. AMAN

Aman ke naam par ye khoon rezi
aman ko dagh-e-daar na kijiye,
munfiat baksh kaam aur bhi hain
aman ke naam par deen ka karobar na kijiye.

47. IZZAT

Umr to bohot choti cheez hai
dhundne ko zamana nikli hu main,
paise to ameero ka khel hain
maa-baap ki izzat kamane nikli hu main.

www.ingramcontent.com/pod-product-compliance
Lightning Source LLC
LaVergne TN
LVHW042003060526
838200LV00041B/1848